Ramon Tiburon 4
Toby Glover©2023

Lody

enjoy :)

Toby

Del mar salió,
Ramón Tiburón.
HOLA, me dijo a mí.
HOLA, te dijo a tí.

Mark Shark,
Came out of the sea.
He said HELLO! to you,
Then HELLO! to me.

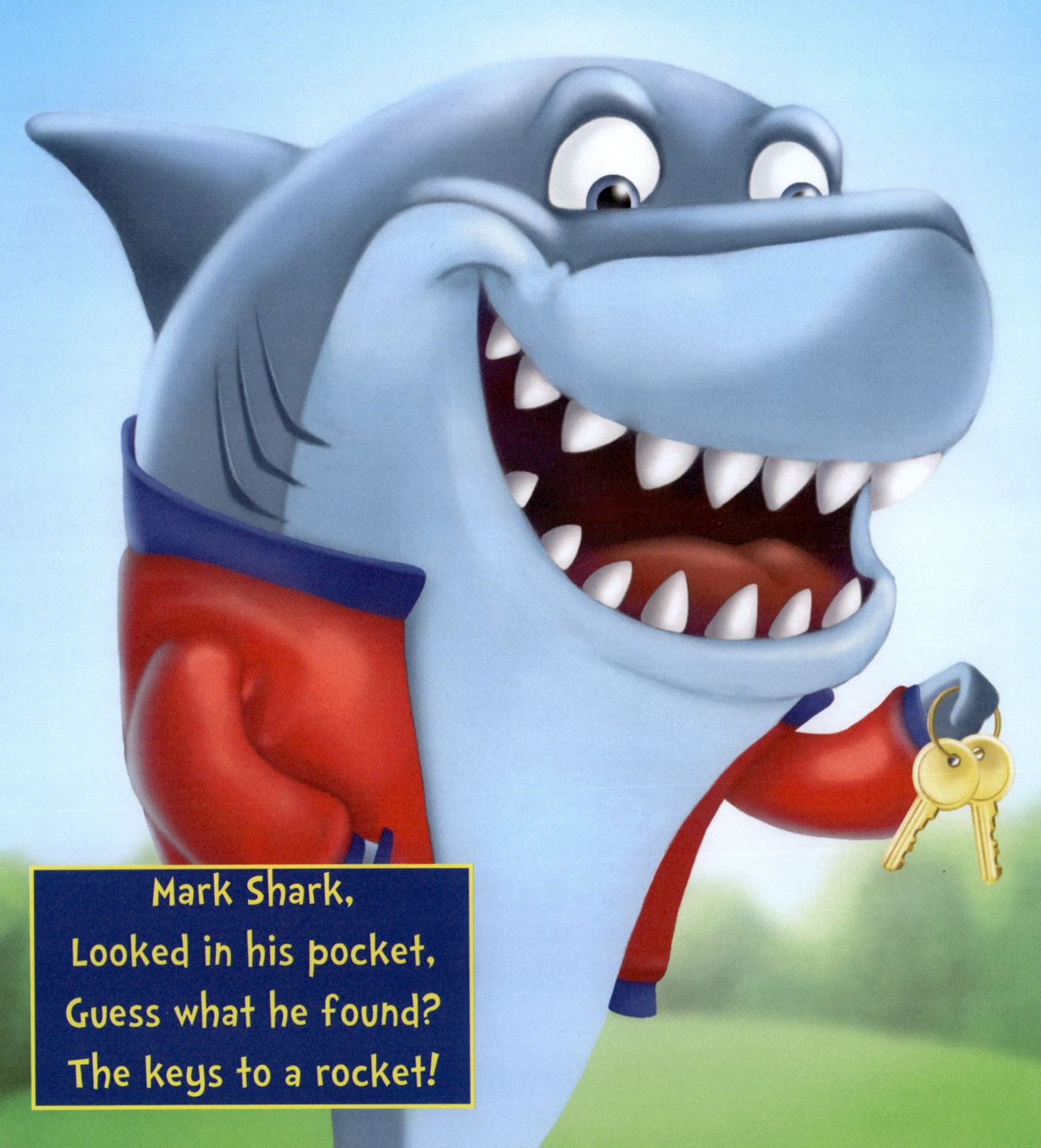

¿Un tiburón en el espacio!?
¡Eso no puede ser!

A shark up in space?
That cannot be!

¡RAMÓN TIBURÓN VUELVE AL MAR!

MARK SHARK GO BACK TO THE SEA!

Hacia un planeta color dorado
Con clima siempre soleado.
Sin lunas y con cielo despejado.
El planeta del amor.
¿Qué podría ser mejor?

On to a planet the colour of gold,
With wonderful weather, never cold,
Moonless and sunny all day long,
On this planet of love, what could go wrong?

VENUS

¿Un tiburón en el espacio!? ¡Eso no puede ser!

A shark up in space? That cannot be!

¡RAMÓN TIBURÓN VUELVE AL MAR!

MARK SHARK GO BACK TO THE SEA!

Luego al planeta más chico de todos,
Con cráteres altos y otros bajitos,
Caluroso de día, pero frío de noche,
Muy cerca del sol y muy luminoso.

On to a planet, the smallest of all,
Full of craters, some little, some tall,
Hot in the daytime, cold at night,
So close to the sun, ever so bright.

¿Un tiburón en el espacio!?
¡Eso no puede ser!

A shark up in space?
That cannot be!

¡RAMÓN TIBURÓN VUELVE AL MAR!

MARK SHARK GO BACK TO THE SEA!

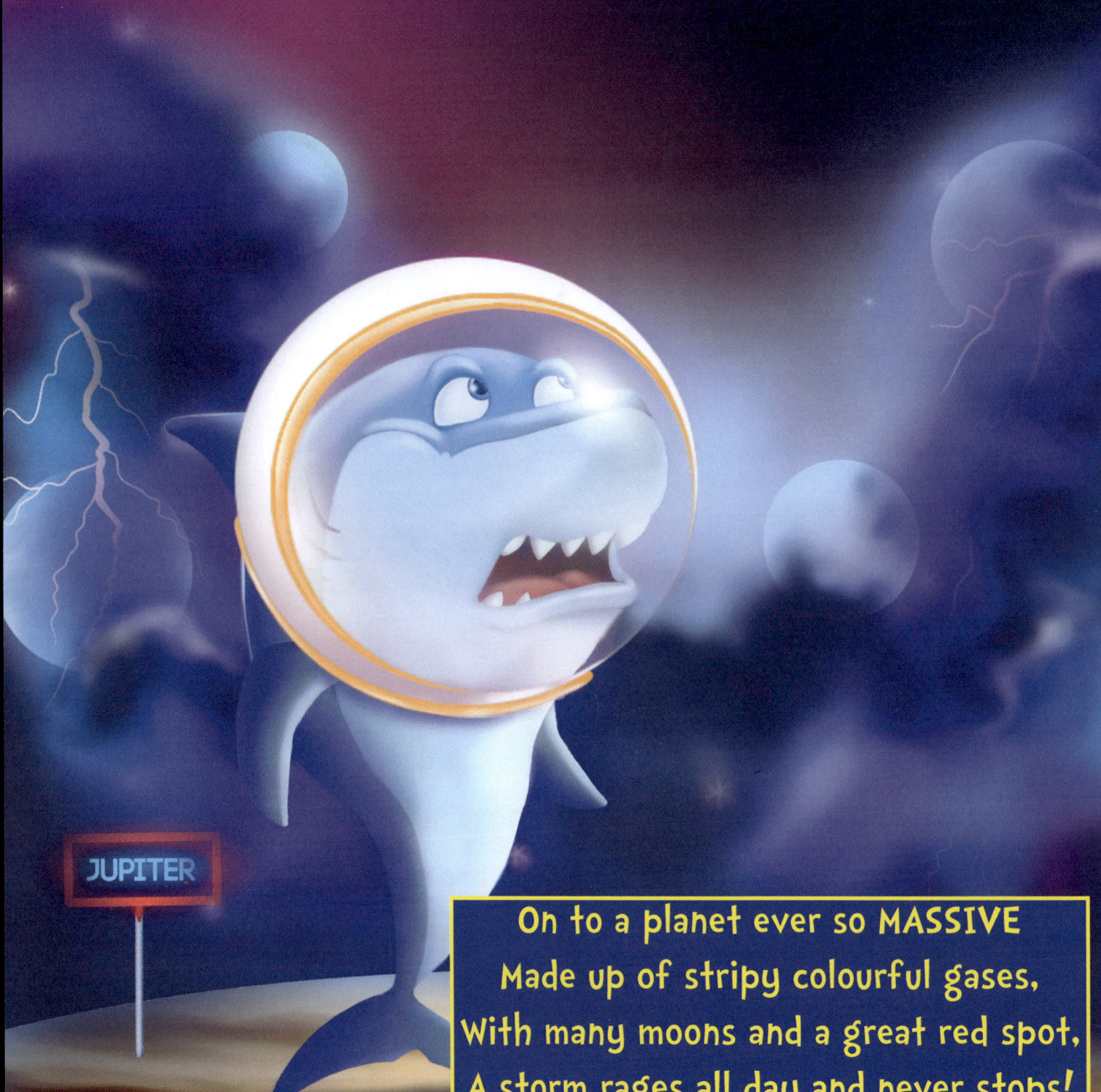

¡Y ahora al planeta super ENORME!
Rayado y con gases de muchos colores.
Con muchas lunas y una gran mancha roja
¡Casi siempre hay tormenta que nunca afloja!

On to a planet ever so MASSIVE
Made up of stripy colourful gases,
With many moons and a great red spot,
A storm rages all day and never stops!

¿Un tiburón en el espacio!?
¡Eso no puede ser!

A shark up in space?
That cannot be!

¡RAMÓN TIBURÓN VUELVE AL MAR!

MARK SHARK GO BACK TO THE SEA!

¿Un tiburón en el espacio!? ¡Eso no puede ser!

A shark up in space? That cannot be!

¡RAMÓN TIBURÓN VUELVE AL MAR!

MARK SHARK GO BACK TO THE SEA!

A un planeta color hielo ahora llegamos.
Con trece aros blancos siempre preciosos.
Frío en el día y congelado de noche.
¡Nos deja mareados, tanto que gira de lado!

On to a planet the colour of ice,
With 13 white rings, ever so nice,
Freezing at night, cold in the days,
And super dizzy as it spins sideways!

¿Un tiburón en el espacio!?
¡Eso no puede ser!

A shark up in space?
That cannot be!

¡RAMÓN TIBURÓN VUELVE AL MAR!

MARK SHARK GO BACK TO THE SEA!

Al fin al planeta llamado Dios del Mar
Aunque este planeta no tiene mar
Ahí nuestro héroe quiere gozar y nadar
¡Y solo sea en su domo de hielo circular!

On to the planet, the God of the Sea,
At last our hero could swim happily,
But no! No sea! It's just an ice dome!

MAMMA MIA! I'M GOING HOME!

¡MAMMA MIA! ¡ME VOY A CASA!

¿Un tiburón en el espacio!?
¡Eso no puede ser!

A shark up in space?
That cannot be!

¡RAMÓN TIBURÓN VUELVE AL MAR!

MARK SHARK GO BACK TO THE SEA!

Y así fue que Ramón Tiburón
Se dio media vuelta y regresó al mar
Adiós, te dijo a tí
Adiós, me dijo a mí.

So Mark Shark,
Went back to the sea,
He said GOODBYE to you,
And GOODBYE to me.

Cansado y con sueño,
En su lecho de mar azul profundo,
Ramón se acostó.
BUENAS NOCHES, me dijo a mí
BUENAS NOCHES te dijo a tí.

Mark's all tired and sleepy,
On his seabed so blue,
He said GOODNIGHT to me,
Then GOODNIGHT to you.

# fin

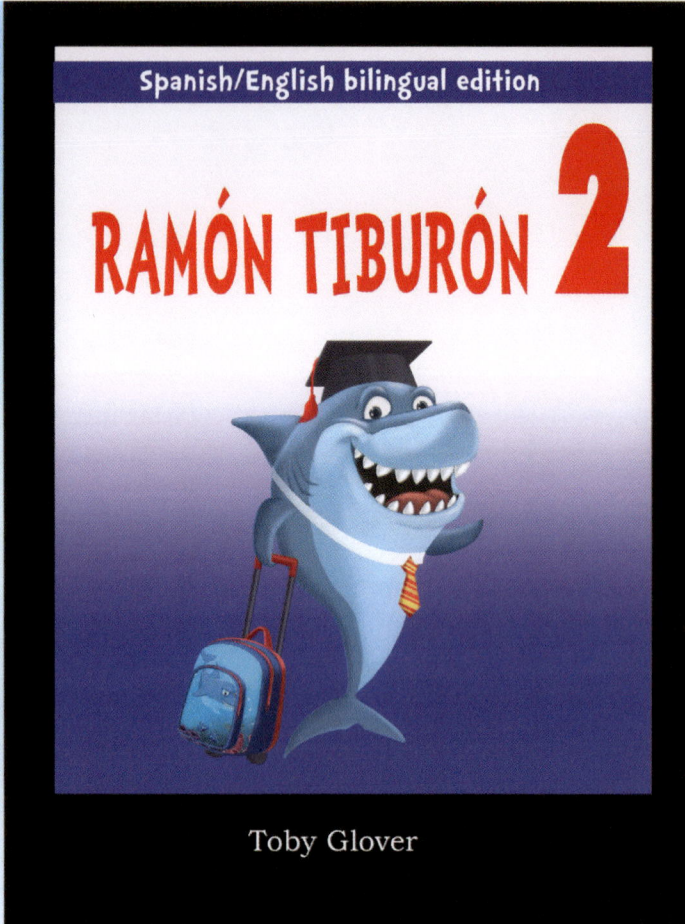

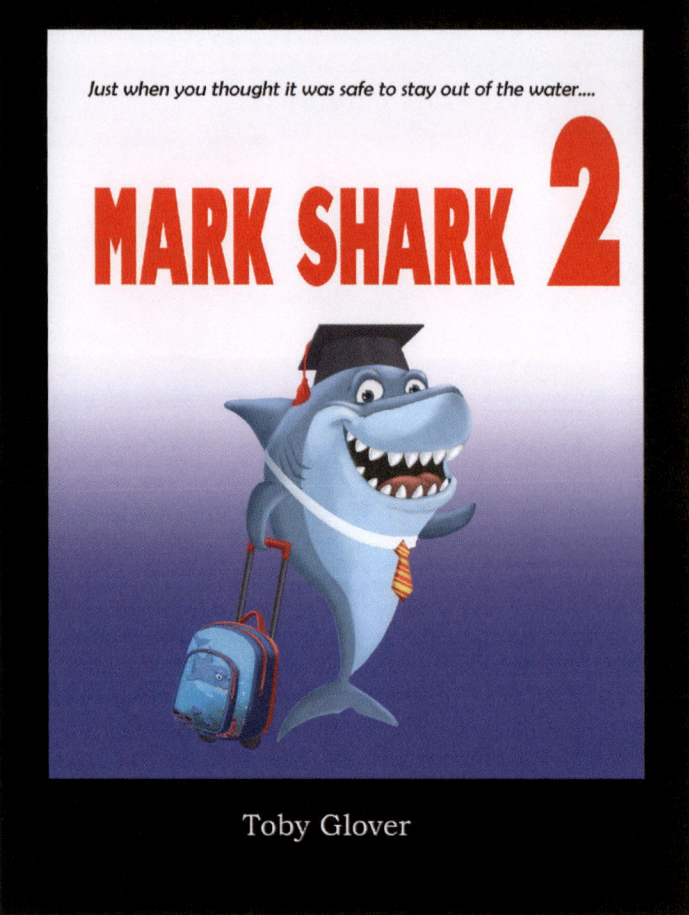

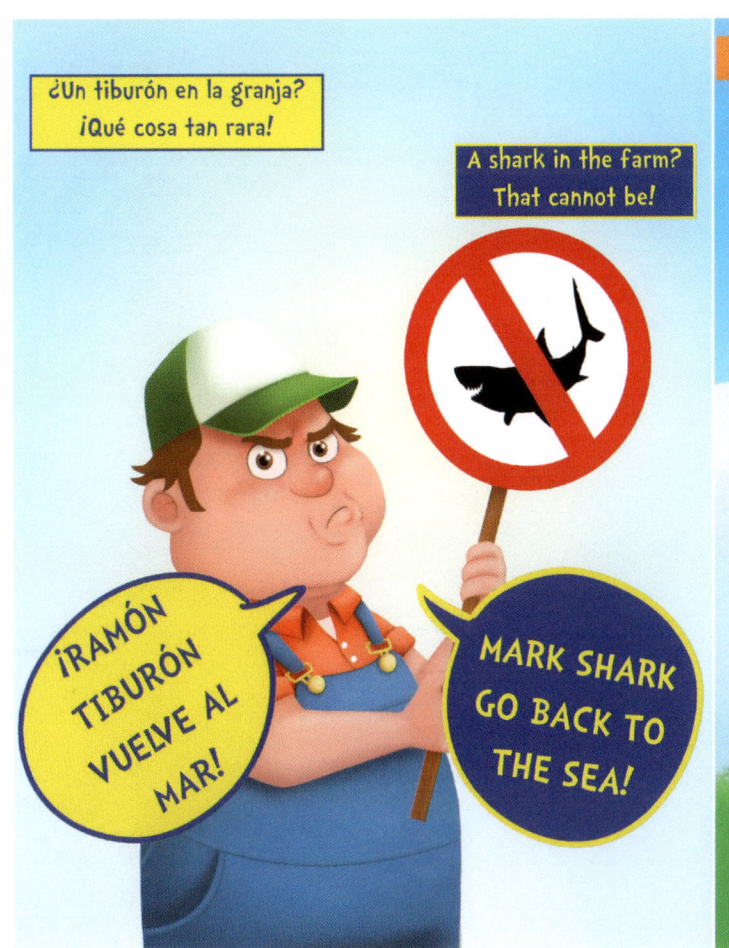
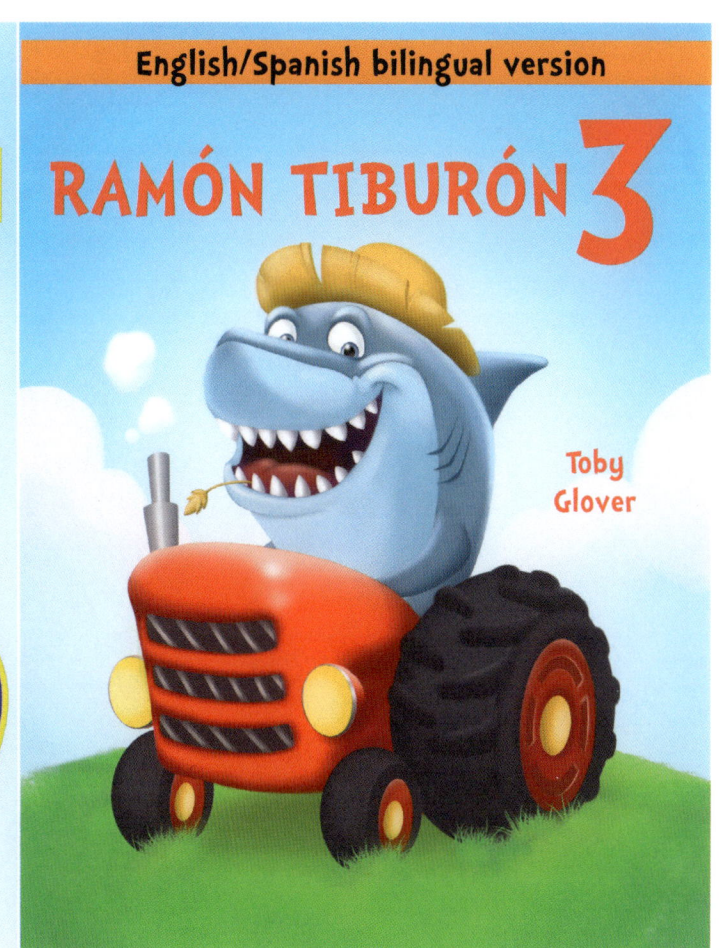

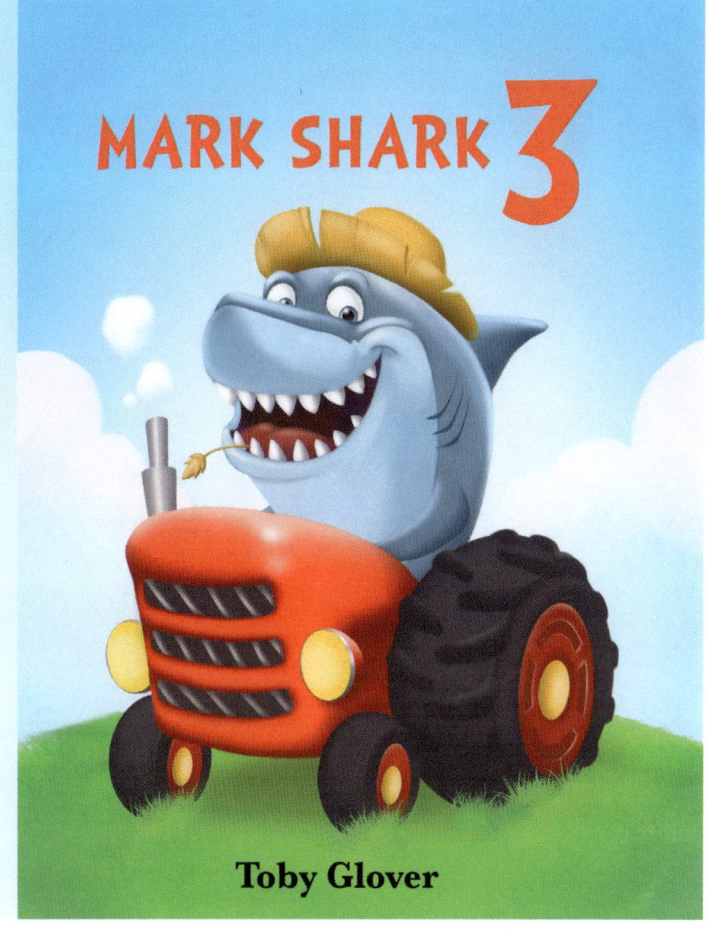

**English/Spanish bilingual version**

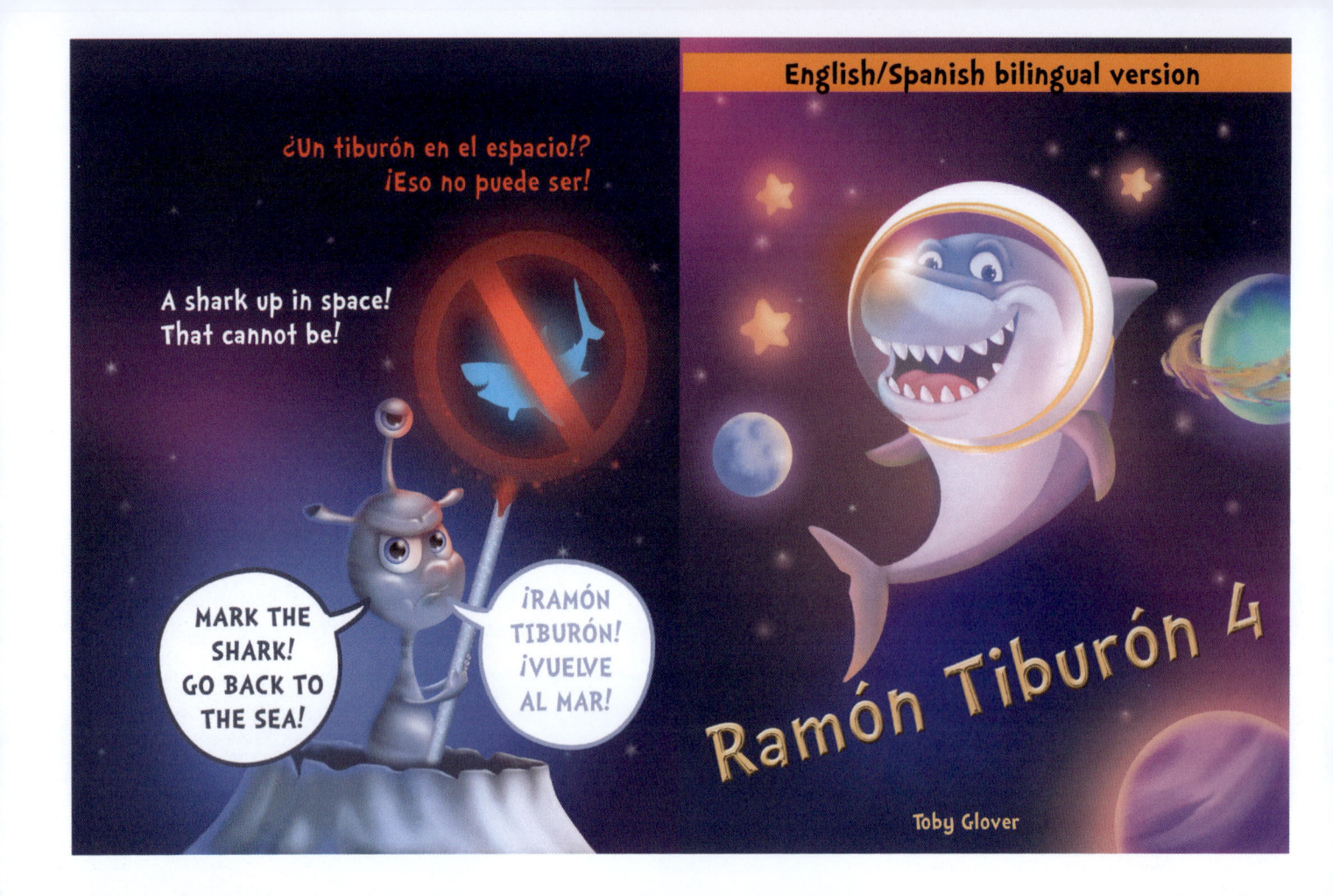

¿Un tiburón en el espacio!?
¡Eso no puede ser!

A shark up in space!
That cannot be!

MARK THE SHARK! GO BACK TO THE SEA!

¡RAMÓN TIBURÓN! ¡VUELVE AL MAR!

# Ramón Tiburón 4

Toby Glover

---

Join our hero Mark Shark on an intergalactic adventure...

A shark up in space?
That's a first!

MARK SHARK! GO BACK TO EARTH!

Toby Glover

# Mark Shark 4

This time it's astrological...

¿Un tiburón en el circo?
¡Eso no puede ser!

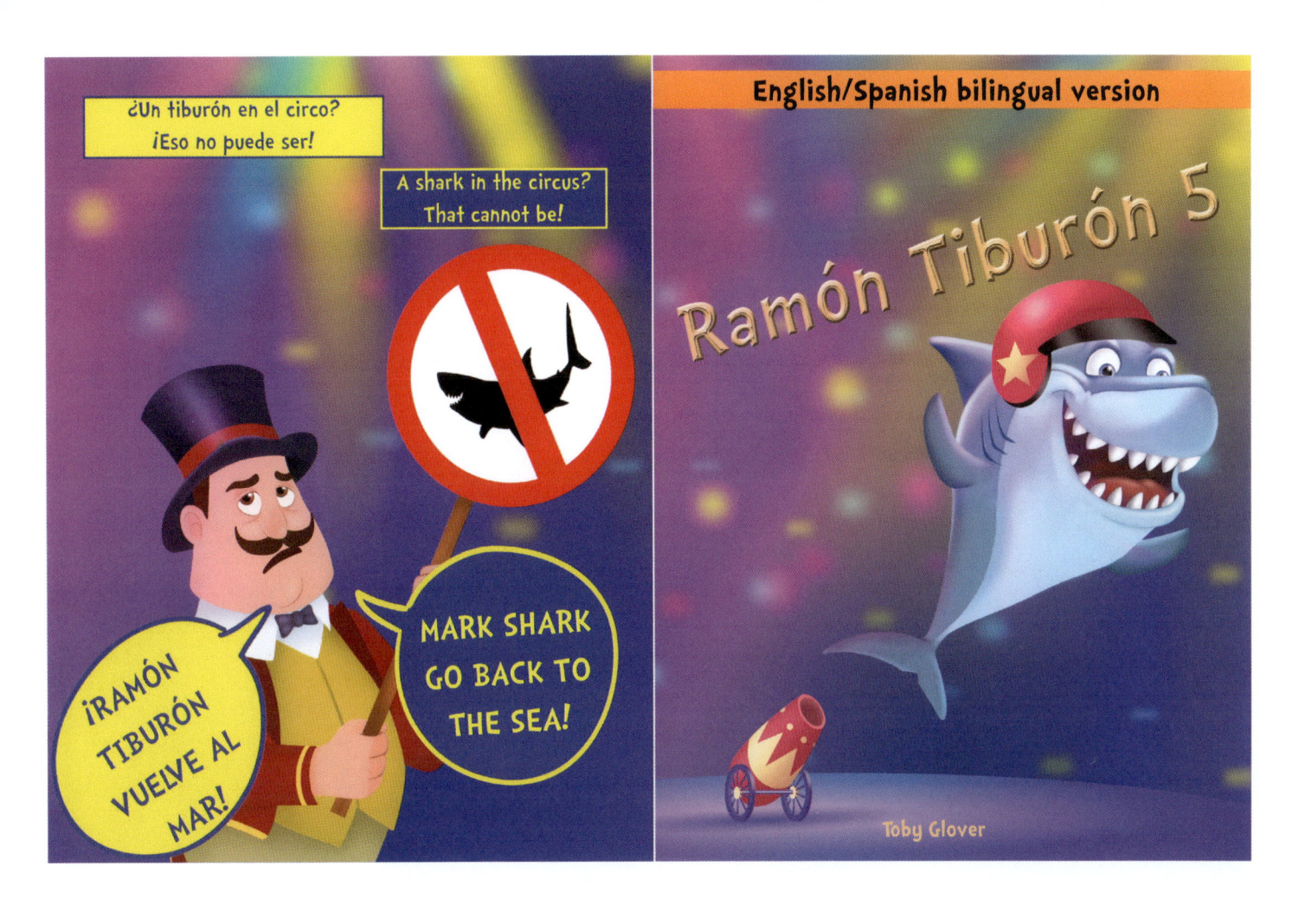

A shark in the circus?
That cannot be!

¡RAMÓN TIBURÓN VUELVE AL MAR!

MARK SHARK GO BACK TO THE SEA!

English/Spanish bilingual version

# Ramón Tiburón 5

Toby Glover

Mark Shark!
Stop causing a fuss!

MARK SHARK! GET OUT THE CIRCUS!

# MARK SHARK 5

Toby Glover

A shark in the mall?
That makes no sense at all!
MARK SHARK! GET OUT OF THIS MALL?

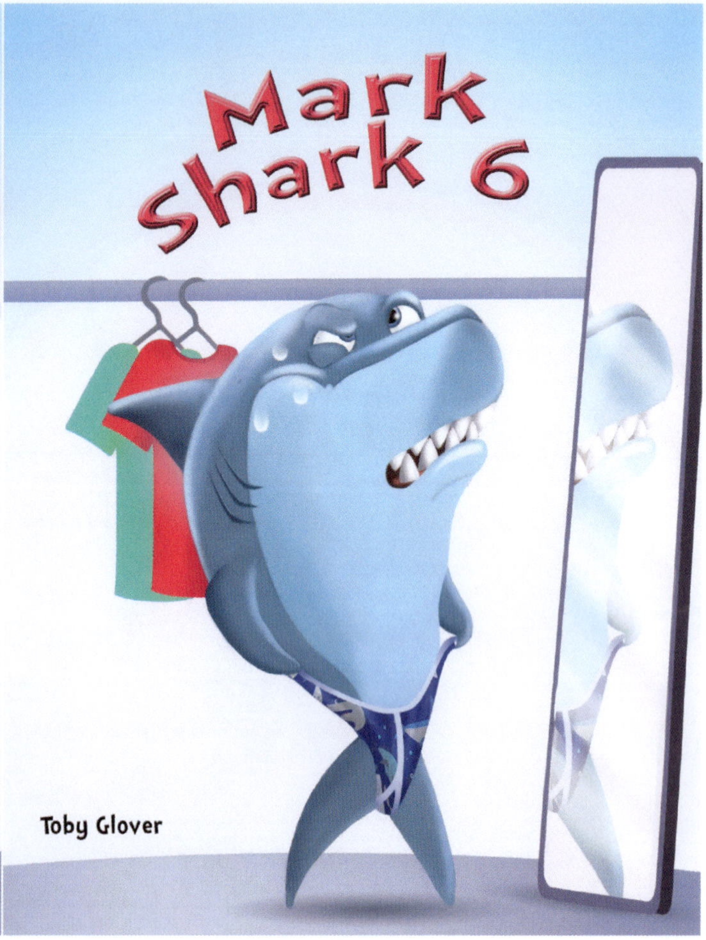
Mark Shark 6
Toby Glover

¿Un tiburón en el mall?
¡Eso no puede ser!
A shark in the mall,
That cannot be!
¡RAMÓN TIBURÓN VUELVE AL MAR!
MARK SHARK GO BACK TO THE SEA!

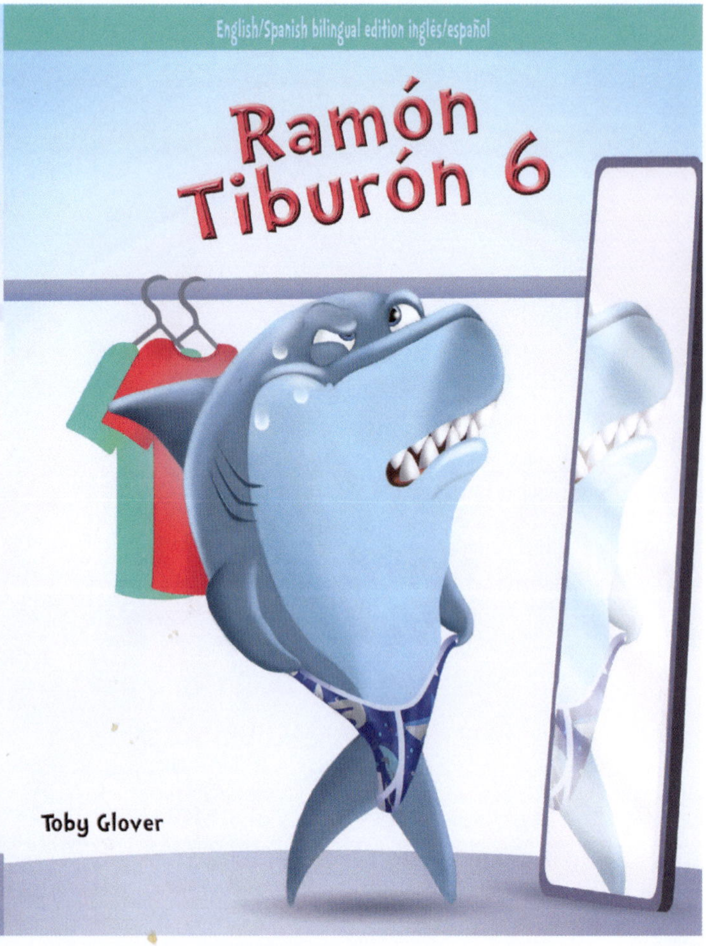
English/Spanish bilingual edition inglés/español
Ramón Tiburón 6
Toby Glover

To hear more of Toby's stories scan the QR code...

Printed in Great Britain
by Amazon